산복도로에 쪽배가 떴다

고영 시집

문학의전당 시인선
0301

산복도로에 쪽배가 떴다

고영 시집

문학의전당

시인의 말

첫 시집을 개정판으로 다시 세상에 내보낸다.
14년 만이다.

부끄러움은
앞으로도 나의 과제로 남을 것이다.

2018년 12월
고영

차례

제2부

제3부

제4부

제1부

물에 비친 나비

꼬리명주나비 한 마리
물 위에 비친
제 몸을 들여다보고 있다

더듬이와 더듬이를 맞대고
꽁지와 꽁지를 맞대고
날개와 날개를 맞대고

자신을 지탱하는
거꾸로 박힌 자신에게
놀라고 있다

이 순간은
모든 것이 멈춰 있다

나비는 지금 꽃을 잊고 있다

달팽이집이 있는 골목

내 귓속에는 막다른 골목이 있고,
사람 사는 세상에서 밀려난 작은 소리들이
따각따각 걸어 들어와
어둡고 찬 바닥에 몸을 누이는 슬픈 골목이 있고,

얼어터진 배추를 녹이기 위해
제 한 몸 기꺼이 태우는
새벽 농수산물시장의 장작불 소리가 있고,
리어카 바퀴를 붙들고 늘어지는
첫눈의 신음 소리가 있고,
좌판대 널빤지 위에서
푸른 수의를 껴입은 고등어가 토해놓은
비릿한 파도 소리가 있고,
갈라진 손가락 끝에
잔멸치 떼를 키우는 어머니의
짜디짠 한숨 소리가 있고,

내 귓속 막다른 골목에는

소리들을 보호해주는 작고 아름다운
달팽이집이 있고,
아주 가끔
따뜻한 기도 소리가 들어와 묵기도 하는
작지만 큰 세상이 있고,

달

식은 밥 한 덩이
하늘 한가운데 불쑥 떠올랐다

식은 밥이라도 한 숟가락 퍼먹으면
유년의 주린 배가 불러올까
헛배라도 부를까
군침을 흘린 적이 있다

꽁보리 섞인 고봉밥그릇 속
미끌미끌한 밥알들
마사토처럼 거친 볍씨들

어머니, 밥그릇을 품고 뭐하세요?

식은 밥그릇 속에서
과수댁 어머니가
무릎 꿇고 앉아 있었다

아들아,
굶주림을 버릴 수만 있다면
밤하늘에 밥그릇이라도 띄워놓고
치성으로 받들고 싶구나

달 속에서 벼 싹이 돋아나고 있었다

바람의 저항

자전거를 타고 학교에 가다
돌부리에 걸려 개천에 처박힌 적이 있었다
하늘엔 제비가 높이 높이 날고,
핸들이 꺾인 자전거가
코뿔소처럼 머리를 들이박고 있었다

바람을 너무 많이 넣었군
바퀴의 심장이 터져버렸어
타이어가 찢어진 자전거를 끌어올리며
강진상회 아저씨가 혀를 차며 말했다

구부러져 내리는 햇살을 밟고
찢어진 교복에 담겨 걷던 등굣길에서
길을 껴안고 있는 돌부리를 보았다
자전거를 밀어낸 건 돌부리의 완력이 아니라
바퀴 내부에 숨죽인 바람의 저항이었다

적당히 바람이 빠진 짐자전거에 쌀가마를 싣고

불안하게 그러나 가장 안전하게,
언덕배기를 넘어 쌀 배달 가는 아저씨
둥글게 어깨를 말고 바퀴를 받아넘기는
돌부리들이 눈에 보였다

먹감나무 옛집

내가 떠나는 순간부터 그 집은
옛집이 되었다 그 집에 있던 먹감나무에게
나는 옛사람이 되었다

절구통에 고인 빗물이 썩다가 말라갔다
함부로 웃자란 나뭇가지마다
거미들이 닥치는 대로 허공을 먹어치웠다
그 집을 지나던 새들이
먹감나무 그늘을 담장 밖으로 물어 날랐지만
떨어진 풋감에는 부리를 대지 않았다

부스럼딱지처럼 박혀 있는 옹이들,
옹이의 퀭한 눈 속에
먹감나무의 생애가 고여 있었다

언제부턴가
먹감나무는 제 속이
새까맣게 타들어 가는 걸 알았다

한여름 불볕에 데인 화상이라 여겼으나
가을이 오고 속병이 깊어지면서
그것이
오랜 적막이 남긴 상처라는 걸 알았다

한식(寒食)

한식 날 뜬 달이
유난히 둥글고 환하다

방금 벌초를 끝낸 봉분처럼
잘 다듬어져 있다

어느 문중 조상인지
참, 시원도 하시겠다

그늘 한 점 없다

누구인가,
저 양지바른 하늘에다
묘를 쓴 이는

전언

갯벌 속에 처박힌
모토로라 휴대폰 배터리
귓불처럼
석화가 붙어 있다

누군가의
귓속을 어지럽히던
짧은 벨소리가 끊겨져 있다

먹성 좋은 석화들,
배터리 수명을 파먹고 있다

먼발치에서
사랑을 외치던 사람이
점점 잊혀갔다

산복도로에 쪽배가 떴다

산복도로에 한 척의 방이 정박해 있다
저 방에 올라타기 위해선 먼저 계단을 올라야 한다
백마흔여섯 계단 위에 떠 있는 섬 같은 방
바람이 불 때마다 티브이 안테나처럼 흔들렸다가
세상이 잠잠해지면 방금 무슨 일이 있었냐는 듯
능청스럽게 딴청을 피우는 그녀의 방은
1m 높이의 파도에도 갑판이 부서질 만큼 작고 연약한 쪽배다
저 쪽배엔 오래된 코끼리표 전기밥통이 있고
성냥개비로 건조한 모형함선이 있고
좋은 추억만 방영하는 14인치 텔레비전이 있다
갑판장 김 씨를 집어삼킨 것은 20m의 파고라고 했던가,
사모아제도에 배가 침몰하는 순간 그는 어쩌면
산복도로에 뜬 저 쪽배의 항해를 걱정했을지 모른다
가랑잎 같은 아이를 가랑가랑 쪽배에 싣고
신출내기 선장이 된 그녀,
멀미보다 견디기 힘든 건 그리움이었다
그리움이 쌓일수록 계단 숫자도 늘어

어느덧 산꼭대기까지 밀려온 쪽배 한 척
그녀에게선 사모아제도의 깊은 바다 냄새가 난다
높은 곳으로 올라야 아빠별을 볼 수 있다고
밤마다 전갈자리별에 닻을 내리는 쪽배의 지붕으로
백년 만에 유성비가 쏟아져 내린다

즐거운 한때

창을 두드리는 장대비가
방 안 구석구석 빗소리를 남기고 갑니다
몸만 풀고 가기엔 아무래도 섭섭했던 모양이군요
책 속에도 빗소리로 가득합니다
떡갈나무 장대비가 숲을 건너가기 전에
나는 빗소리를 담아두려 합니다
빗방울을 움켜쥐고 있는 도토리들
도토리를 쏘아 올리는 흥겨운 떡갈나무들
숲속에 펼쳐진 춤사위를 보고 있자니
나도 모르게 발끝이 들려, 마음이 들려
어느새 신명난 구경꾼이 되고 맙니다
징소리가 된 빗소리
꽹과리가 된 빗소리
옹이투성이 떡갈나무 잎도 빗소리에 긁히니
한가락 노래가 되는군요
한바탕 잔치가 질펀한 걸 보니
아무래도 오늘밤은
빗소리를 떠나보내긴 글렀나 봅니다

어린 떡갈나무들까지
저렇듯 즐거운 한때를 보내고 있으니

불타는 달

불타는 달에 갔다
아버지가 녹슨 도끼로
계수나무 장작을 패고 있었다

벌목공 아버지
송진 냄새가 나던 아버지
삼나무처럼 쓰러진 아버지

천년 동안이나
내가 나무를 베었으니
이젠 네가 장작을 패야겠구나

녹슨 도끼를 건네고
분화구마다
불을 피우시는 아버지

그런데, 연기는 또 왜 피우세요?

천년 후에

네 아들이 보고 올 봉홧불이란다

고감

동백나무 꽃망울 속에
내가 평소 갖고 싶던 방을 들인다
겹겹이 붉은 단열벽도 치고
아무나 침범할 수 없도록
출입문은 딱 한 개, 봄을 향해 단다
아아, 갑갑해, 너무, 갑갑해,
세상 구석구석 다 볼 수 있도록
천장엔 하늘 창문을 단다
동백 꽃술은 위성 안테나
초고속인터넷에 접속을 한다
침침하던 동백 꽃망울 속에
환한 생기가 돈다
이 단출한 방에서 나는
겨울바람과 채팅도 하고
떨어지는 눈송이와 몸도 섞는다
좀 더 우주적으로 성찰하고 싶어
밤마다 전갈자리별과 사랑도 주고받는다
내가 사랑한 전갈자리별을

동백나무 꽃망울 속
내 붉은 방에
은밀히 초대하고 싶다

강물을 앉힌 소파

강가에 버려진 가죽소파에서
강아지풀 흔들린다
삐져나온 스프링 흔들린다

물을 먹고 뱃속을 채워
간신히 골격을 유지하고 있다
무게중심이 샌다

모양새를 갖추고 있어야
누구라도 편히 앉힐 수 있다!

다리몽둥이가 썩는 줄도 모르고
가죽소파는 지금
강물을 앉히고 있다
어깨 위에 햇볕, 바람,
날개 젖은 잠자리도 앉히고 있다
견디지 못할 체중이란
이 세상엔 없다

다리몽둥이 썩어가는 살 속
그 작은 틈새로
물고기들이 몰려와 알을 낳는다

꼬마달팽이

겁 많고
키 작은 꼬마

쪽박을 차고
남의 집 대문 앞에서
구걸을 하고 있다

뒤집어쓴 키 속으로
부끄러운 목을
꾹꾹 욱여넣는다

작고 투명한 몸이
점점 쪼그라든다

꼬마야,
소금 줄까?

키 속에서

겨우 고개를 내미는
눈알이 붉다

물에 새긴 무늬

열대어 블루 그라스가 죽어
화려한 지느러미가
떠올랐다

물에 새긴 무늬가
어항 속을 물들였다

제 무늬에 빠져 죽은
블루 그라스

머릿속에 새겨진 무늬는
좀처럼
지워지지 않았다

제2부

흠의 힘

푸른 잔디 위로
하얀 공이 날아간다

점점 더 멀리 날기 위해
온몸에 흠을 파고
탄력을 붙인 하얀 공

쇠뭉치에 맞고
날아가는 하얀 공

흠이 많을수록
멀리 날아갈 수 있다

상처도 날개가 될 수 있다

청포도 과수원

시골 교회당 쪽으로 포도넝쿨이
한 뼘씩 자라나는 과수원
길게 뻗은 청포도나무를 보고 있었다
끝도 없이 펼쳐진
푸른 문장을 읽고 있었다
첨탑 사이로 올려다본 하늘은 너무나 푸르렀다
피뢰침에 걸려 뚝뚝,
여문 종소리가 떨어지고 있었다
산소방울을 달고 있는 청포도 송이마다
어린 햇살들의 전언이 눈부셨다
누군가 할렐루야! 하고 부르면
금세 포도알들이 와르르 쏟아질 것만 같았다
누구도 섣불리 따먹지 않을 듯한
투명한 유리구슬 태양들
나는 목책 울타리 밖에서
햇살이 전하는 전언을 듣고만 있었다
신선한 일요일이었다
청포도 잎사귀가 세상을 푸르게 덮고 있었다

달에 젖다

밤하늘엔
달무리가 졌다
보름달이 슬립을 걸쳤나?
풍만한 달은
자극적이어서 좋다
이봐요, 어서 들어와요,
보름달 속에 손을 밀어 넣으니
따뜻한 강물이 만져진다
물어뜯은 이빨 자국
할퀸 손톱 물결도 보인다
달도 나이가 차면
누군가 몹시 그리워지나 보다
한 달에 꼭 한번
강물 위로 내려와
흠뻑 젖는 걸 보면

가구의 비밀

구청 앞 광장에 벼룩시장이 섰다
트럭에 실려 온 중고가구들이 침묵을 부리고 있다
안방이나 거실 혹은 서재에서
한 집안의 흥망성쇠와 함께했던 각종 가구들;
이를테면
주인여자의 이상야릇한 체위를 거부하던 소파나
있는 그대로의 모습만을 비추다 쫓겨난 화장대 거울
(현명한 거울은 주인의 기분에 맞춰 변화된 모습을 보여준다)
부도난 수표를 받아먹고 헛배가 불렀던 대형금고……
오래된 가구일수록 비밀도 많고 사연도 많다
저 가구들이 삶을 계속 영위할 수 있는 이유는
순전히 무거운 입 때문이다
가구에게 침묵은 곧 신용이다
가구들이 스스로 입을 열지 않는 한
사람들은 안심하고 가구의 남은 생에 대해 흥정할 것이다
간혹 비밀이 탄로 나 신세를 망친 자도 있지만
그건 그 사람이 지상의 가구라는 사실을 망각한 채

은연중에 말을 흘렸기 때문이다
하늘의 오래된 가구인 해와 달 그리고 별이
지금껏 온 누리의 희망이 되고 있는 건
단 한 번도 천기를 누설하지 않은 침묵 때문이다

나무젓가락

굶주림에 지쳐
흰 뼈대만 앙상하게 남은
나무젓가락

자장면 속에 머리를 박고
온기를 빨아먹고 있다

서로 몸 비비며
서로 몸 섞으며

불어터진 어둠을
건져 올리고 있다

저수지

밤새 얼어붙은 저수지
산 그림자를 견딜 만큼 두꺼워졌다
물결 주름이 잡혔다

아무리 두드려도 깨지지 않는
얼음 물소리
바닥을 치는 물소리

제 그림자를 뒤집어쓰고
홀로 깊어가는 저수지

두꺼워진 낯짝으로
속마음 가린다

불 꺼진 숲을 희망이라 말하고 싶다

추분 지나 급격하게 야위는 가을밤,
실내등 불빛 아래서 『랭보—지옥으로부터의 자유』를 읽다가
랭보의 무덤에 이르러 나는 밑줄을 긋는다
밑줄 아래로 펼쳐진 회화나무 숲에서
자유롭게 비행하는 산비둘기가 보였다

잉크로 쓴 내 첫사랑은 유성이 되었다
검정파랑빨강 삼색의 잉크병을 비우면 희망도 상처로 번졌다
책을 떠나서 가벼워진 단어들 문법들 그리고 금방이라도
뾰르릉 날아갈 것 같은 시어(詩語)들,
유혹은 놓칠 수 없는 것들만 밤새 끌고 다녔다

세상이라는 거대한 숲은 마약처럼 위험했다
부도난 어음은 찢겨져 길거리에 뿌려졌다 지갑 속에서
낯선 명함들이 죽어 나가기도 했다 내 연락처엔
야윈 발자국들만 웅성거렸다

바람이 이끄는 길을 밟고 가기도 너무 벅찼다
세상은, 문법이 통하지 않는 미로 같았다

랭보의 무덤을 지나 밑줄도 끝났다
밑줄 너머로 펼쳐진 회화나무 숲에서
아름다운 유성을 품고 있는 산비둘기가 보였다
저토록 눈부신 알을 간직하고 있었기에
산비둘기 날 때마다 숲은 환해졌던 것인가

나는 이제 불 꺼진 숲을 희망이라 말하고 싶다

쓸쓸한 위로

사내의 접힌 윗몸을 일으켜 세우자
병상 위에 남아 있던 온기도 따라 일어선다
홑이불 속에 묻어두었던 신음 소리가 새어나온다
고통은 얼마나 거추장스러운 몸의 친절인가
몸속에서 조금씩 소멸해가는 시간을
자신의 몸으로 확인하는 건 얼마나 당혹스러운가
수술실로 실려 가는 사내를 향해
가습기가 대신 길고 긴 숨을 몰아쉰다
복도 의자 위 마른 꽃다발 속에서
파리 한 마리 날아오르고 있다
—너무 걱정하지 마십시오, 잠시 다녀오겠습니다
손등에 얹힌 사내의 눈빛이 아직 따듯하다
수술실 앞에선 남겨진 자가 오히려 위로를 받는다

물 위의 날들

온 동네 뜯겨나간 지붕마다 바람이 샌다
깨진 슬레이트 조각들이 방주처럼 떠다니고 있다
저수지에 처박힌 속수무책의 생목들
무너진 적송 숲에서 시뻘건 흙탕물이 흘러내린다
힘겹게 하천 바닥을 걷어 올리자
물속에 갇힌 가구들이 하나둘 불려나온다
여기가 집터였던가, 지금은 가족 무덤이 된,
안동댁 식구들이 보이지 않는다
잔주름 속에 뿌연 흙탕물이 흐르는 노파들
젖은 흙들이 바짓가랑이를 붙잡고 있다
퉁퉁 불은 손금이 물에 씻겨 떠내려가고
살아남은 발자국들이 한숨 소리에 다시 잠긴다
진자리만 봐도 치가 떨린다, 곧 서리가 내릴 것이다
허물어진 어깨를 다시 깁는 적송 숲에서
날개를 말린 새들이 날아오른다
자, 다시 시작해야지, 허리를 펴는 적송들
기지개를 펴는 살아남은 집들
젖은 지붕에 거짓말처럼 햇살이 움트고 있다

깨어진 문양

누가 나를 호랑이라 불러주실래요?

나는 집을 버린 그냥 도둑괭이랍니다.
이유는 묻지 마세요. 그냥 생활이 좀 무료했다고 해두죠.
그런데 집이 난리가 났다더군요. 마치 사달이라도 난 것처럼
가출신고니, 뭐니, 왜 그리 호들갑인지 원.
그러게 있을 때 잘하라지요.
집이 나를 버리기 전에 내가 먼저 집을 걷어찼을 뿐입니다.

후회는 나만의 것, 고행도 나의 몫입니다.
오늘처럼 손톱달이 뜬 날은
숨어 지내기엔 더없이 그만입니다.
얼굴을 반만 가리고 새우잠에 들어도 안전한,
호각 소리에 놀라 깨지 않아도 좋은
지하 침낭 속으로 어기적어기적 기어들어 갑니다.

밤, 모든 것이 반만 보이는,
별들도 안심하고 잘 곳이 필요했던 것처럼

나뭇잎 사이로 쏟아지는 별빛들이
내 가슴에 호랑이문양을 그려 넣고 갑니다.

지금은 누가 뭐래도
왕릉이 부럽지 않은 노숙입니다.

봄볕을 굽다

봄볕 좋은 날
네 식구가 마당에 멍석을 깔고 앉아
숯불 화덕에 석쇠를 걸쳐놓고 꽃삼겹살을 굽습니다
봄볕에 익은 아이의 볼에 개나리꽃이 피었습니다
숯불 속에도, 꽃삼겹살 위에도
개나리 노란 꽃잎이 기분 좋게 피었습니다
고기 굽는 냄새에 몸이 달아오른 동네 개들은
울대가 꺾이도록 짖어대고
우리 안 돼지들은 새까맣게 속이 타들어 갑니다
집짐승들의 사소한 소란 속에 봄볕은
요란하지도 화려하지도 않게
내 집 마당에 평등하게 꽃을 피웠습니다
꽃삼겹살 위에 봄볕이 지글거리지 않았더라면
아이들의 봄날은 얼마나 무료했을까요
살가운 봄볕에 구워진 자리마다
노란 개나리꽃이 지글거리는 변두리 봄날
식구들 얼굴에 핀 꽃잎만 따먹어도
나는 배가 불렀습니다

발톱

내 몸은 거름이다
나는 내 몸을 먹고 산다

개미집

더듬이 한쪽이 떨어져 나간 개미가
참외 씨를 끌고 악착같이 길을 가고 있다
더듬이가 찾지 못하는 길로
참외 씨가 개미를 끌고 간다

바람이 불 때마다 지워지는 개미집
벚나무 밑동에 숨구멍을 파고
모래무덤을 만들었다

한여름 땡볕 아래서
무덤도 숨을 쉰다
숨구멍 속에서 개미들이 모여
평생 무덤을 떠받들고 산다

장맛비에 봉분이 휩쓸리지 않게
무덤을 꽉 움켜쥐고
죽을 때까지 놓치지 않는다

숨구멍이 숭숭 뚫려 있는 땅속,
내 머릿속을 지나서
부지런한 영혼들이 숨 쉬는 무덤 속으로
참외 씨가 개미를 끌고 간다

거품이 뜨는 수면 위로 눈은 내리고

소래포구에 날이 저문다
파도에 튕겨진 눈발들이 갯벌을 떠돌고 있다
사라진 협궤열차의 희미한 창처럼
횟집들이 길게 늘어서 있다
수족관에서 공기방울이 잘려 나온다
광어들은 점점 바닥 깊숙이 가라앉는다
더 이상 밀리면 끝이다, 한번 납작해진 몸뚱어리는
다신 부풀지 않는다 물고기들은
아가미를 벌려 서로의 숨결을 나눠 갖는다
칼날을 물고 늘어지는 도마 위의 광어
회를 뜨는 사내의 손길이 자꾸 미끄러진다
거품이 뜨는 수면 위로 눈은 내리고
밤길을 힘겹게 걸어온 바람이
집요하게 횟집 문을 두드리고 있다
살점을 털린 광어의 마지막 남은 숨결이
앙상한 뼈를 달래고 있다

제3부

심검(心劍)

풀을 뽑다 손가락을 베였다

풀잎도 날을 곧추세우면
한 자루 훌륭한 검(劍)이 된다는 것을
손가락 피를 빨며 알았다

풀은 드러나지 않게
바람에 맞선다
제 한 몸 지키기 위한 최후의 수단으로
풀은 검(劍)을 뽑는다

풀은 공격적이지 않고
다른 영역을 탐내지 않고
풀은 풀을 베지 않는다

박새

나 어릴 적엔 콩나물밥이 좋았다
노란 양푼에 퍼주는 후박함이 일단 좋았다
양념간장에 비벼 먹고 물을 마시면
뱃속에선 콩나물시루처럼 물 떨어지는 소리가 났다
그 소리는 흥겨운 박새 울음 같아서
종일 들판을 헤집고 다녀도 잡을 수가 없었다
나는 그냥 뱃속에 박새를 키우기로 했다
그리고 아이답게 금세 잊어먹었다

콩나물밥을 먹지 않아도 될 만큼만
어른이 된 어느 날이었다
술 깬 새벽에 목이 타 냉수를 들이켰는데
뱃속에서 죽은 아버지 가래 끓는 소리가 났다
그 소리는 슬픈 박새 울음 같아서
뱃속에 나보다 빨리 늙는 새가 살고 있다는 걸 알았다
나는 그냥 뱃속에 박새를 묻어두기로 했다
그리고 어른답게 슬픔을 참기로 했다

씁쓸한 연애
—시작법(詩作法)

아내가 시장에 간 사이 애인과 연애를 한다
누가 볼까 쉬쉬 숨겨두었던 애인과 연애를 한다
백주에 낯뜨거운 연애를 한다
내 양 머리채를 잡고 교태를 부리는 애인은
물오른 가물치 같다 잔소리도 없다
천 개의 얼굴, 천 개의 마음, 천 개의 날개를 가진 애인과 연애를 한다
그러나 교태를 다 받아주기에는 시간이 너무 촉박하다
아내의 장바구니는 너무 작고 가볍다
아내의 발은 너무 빠르다
천 개의 날개를 다 펴보기도 전에 나는 문 밖부터 살핀다
애인에게 모자를 씌워 서둘러 서랍 속으로 돌려보내고
아내와 낯간지러운 연애를 한다
지구의 중심이 기우뚱 무너진다 하늘이 노랗다

新국부론

바이칼 짙푸른 호수를 볼 때마다
어떻게 하면 저 물을 퍼다 팔아먹을 수 있을까
먼저 생각하는 것을 보면
나는 천상 장사꾼 체질인가보다

시베리아 대륙횡단열차에서 볼 수 있는
원시림 아름드리나무들이 목재용으로만 보인다
그 속에서 뛰노는 사슴의 날렵한 자태보다는
뿔이 먼저 보이고, 시베리아 호랑이를 보면
호피의 시세가 궁금하다 흑곰이나 반달곰을 보면
어떻게 하면 저것들을 분양할 수 있을까
먼저 생각해보는 것이다

나는 또한 이반 부닌을 도모해본다
그의 문장 속에 흐르는 고답풍의 생명력을
나는 오래전부터 탐을 냈었다
가능하다면, 그의 무덤 속이라도 들어가
미완성 『채호프에 관하여』의 후반 줄거리를

입도선매하고 싶다

저 유형, 무형의 재화들……

산불로 타들어 가는 숲을 보면
내 지갑 속의 지폐들이 타는 것 같아
자꾸 마음이 바쁘고 조급해진다
나는 천상 어쩔 수 없는 장사꾼인가보다

비워진다는 것

컴퓨터와 비디오가 실려 가고
냉장고, 세탁기가 실려 가고
물소가죽 소파가 헉헉거리며 실려 간다
차가 지붕을 싣고 가고
차가 차를 싣고 간다

딱지가 붙은 집이
솜이불처럼 가벼워진다
집은, 순식간에 비워진다

한 생(生)이 비워진다
집구석에 살던 먼지들, 검은 곰팡이들
집의 기억 속에 살던 푸른 새떼들이
맨발로 끌려나온다

먼지가 차를 끌고 가고
곰팡이가 차를 끌고 가고
딱지가 차를 끌고 간다

비워진 생(生)은 말이 없다
집의 입인 대문이 굳게 잠긴다
대문 앞에 떨어져 뒹구는 신발짝들은
영원히 차를 놓친 것이다

수정동 푸른 밤

계단 끝에 지친 달이 걸린 겨울밤
뼈만 남은 연탄재가 건성으로 읽은 책처럼 쌓여가고
나는 비닐장판 위에 검게 눌러 붙어
숨 가쁘게 계단을 올라오는 바람을 읽는다
쪽창에 걸려 떠는 은사시나무 그림자
저 그림자를 불러들이기엔 방이 너무 건조하다
나는 건조하다, 문 밖엔 십년 전부터 그대가 서성이고
있다 그대의 발자국에 찍힌 욕망도 건조하다
그대가 처음 내게로 오던 밤도 눈이 내렸다
그대의 눈동자 속엔 지금도 건조한 눈이 내리고
나는 무심히 창밖을 본다
내 사랑은 뜨거웠지만 돌아서면 늘 환각이었고
행복은 죽음 뒤에나 찾아오는 것이었다
그러나 언제까지나 죽음을 동경할 수만은 없는 일
내 마음속 욕망들이 다시 꿈틀거린다 해도
이제 그만 그대를 불러들이고 싶다
그대를 십년 동안이나 문 밖에 세워두었다
—그걸로 충분하지 않은가

그대 눈동자 속엔
아직도 마약 같은 눈이 내리고

고백

구월성당 담벼락 밑에 핀 고깔제비꽃
고해성사라도 하는 것인지
꽃핀 분위기가 사뭇 엄숙하다
부끄러운 죄를 고백하기 딱 좋은 봄날
외줄 꽃대 끝에 매달린
고깔 깊게 눌러쓴 제비꽃을 보았다
저 혼자 꽃을 피우는 일도 죄악이라고,
끝내 땅바닥을 향해 참회를 피운 고깔제비꽃
홍자색 저 꽃잎 한 겹을 들추면
눈시울이 붉게 물든
쓸쓸한 고백들이 쏟아져 나올 것 같다
갑자기 내 안의 맥박이 출렁인다
누굴 위해, 무릎 꿇고, 고개를 숙여본 적이
있던가, 나는 후끈 달아오른다
작은 틈새를 뚫고 부신 눈물방울을 단 고깔제비꽃
담벼락 너머 세상 속으로
아픈 꽃대를 들이대고 있다
꽃대를 보는 눈시울이 자꾸 붉어진다

남해 가는 버스

보따리를 든 아낙들이 버스에 올라
하나 남은 빈 좌석 앞에서
잠시 가벼운 실랑이를 벌인다
바닷가 장터에 종일 쪼그리고 앉아 있으려면
뭐니뭐니해도 몸 간수가 제일이지,
몸뚱어리가 재산인 시골 아낙들에게
저 정도 다툼은 차라리 아름다운 율동이다
한 개의 좌석에 두 명이 앉는 걸로
붙여야 할 홍정은 아쉽게 끝이 났다
바닥에 머릿수건을 깔고 앉아
집오리마냥 머리를 조아리는 아낙도 있다
밤새 단을 묶어 싼 노지시금치,
부추, 얼갈이, 봄동, 무말랭이, 오리 알……
저 큰 보따리를 끌고 장을 보기 위해
찬물에 밥 말아 먹고 새벽길을 나섰으리라
보따리 궁둥이가 시골 아낙들을 닮았다
승객과 보따리로 만선을 이룬 버스가
바다 건너 남해를 향해 가고 있다

박달나무의 유서를 보다

제가 끌고 온 둥근 길을 벗어던지고
다시 원점에 선 박달나무
톱날에 잘린 평평한 밑동에
짤막한 유언을 남겼다

밑동에 새겨놓은
목판(木版) 유서(遺書)
둥글게 말린 박달나무의 행적을 본다
최후까지 장렬했던 박달나무의 안간힘이다

제자리를 맴도는 박달나무의 길이
단단한 뼈대를 만드는
가장 박달나무다운 길이었으니

유서가 전부인 박달나무
죽어서 강해지는 박달나무

박달나무가 걸어간 둥근 길을 따라

한자리에서 맴을 돌면
나도 죽은 박달나무처럼 강해질 수 있을까

수련

저 꽃은 무슨 생각에 사로잡혀 있기에
꽃봉오리를 앙다물고 있는가

꽃모가지 위에 걸린 저 입!

갈(喝),

금방이라도 일침을 가할 듯
사자후를 토할 듯

꽃모가지 위에 걸린
저 찰나의 침묵

소행성을 보다

온몸에 주름이 잡힌
늙은 호박
꼭지마저 주름투성이다

뱃속 가득
잘 여문 씨를
호박(琥珀)처럼 매달아놓은
늙은 호박

평생을,
뱃심 하나로 버텨온
늙은 호박

텅 비워놓은 뱃속 가득
반짝이는
푸른 단전(丹田)

참깨 같은 눈이 내렸으면

참깨 같은 눈이 내렸으면 좋겠네
골고루 빻은 깨소금처럼
오래도록 구수한 눈이 내렸으면

콩알만 한 콩들과 수수한 수수
조숙한 차조 그리고
찹찹한 찹쌀을 수북이 쌓아놓고
뜨거운 김을 내뿜지 않아도 될 텐데

온기 없는 아랫목
이불 속에 손을 밀어 넣는 어머니
바람구멍 숭숭 뚫린 구들장
뼈마디가 시리다

꺼진 연탄불을 피우러 가기엔
아직 해가 중천이다
번개탄은 쉽게 타고 쉽게 꺼진다

참깨 같은 눈이 내리는 저녁
구수한 싸락눈을 밟고
동지(冬至)보다 깊은 어머니를 찾는다

이솝우화

아이들이 읽던 동화책들
방 안 가득
어지럽게 널브러져 있다

이순신 장군이 누워 있고
이솝이 누워 있고
머털 도사가
이상한 빗자루를 타고 누워 있다

참 기특하기도 하지,
한국대표동시집도 누워 있네!

아이들에게
동화책을 읽어주라며
겨울은 긴 밤을 풀어놓는다

나는 이솝이 되어
이상한 자전거에 아이들을 태우고

눈 내리는 하늘을 날아다닌다
지나던 눈발들이 살짝,
창가에 귀를 대고 동화 속으로 들어온다

온 가족이
밤하늘에 붕— 떠 있다

버드나무 그늘 아래

생각의 깊이까지 보여주는 연못 위에
붉은머리오목눈이 한 마리
긴 편지를 써놓고 날아가고 있었네
장문의 저 마음을 읽느라
여름 땡볕도 잠시 의자에 함께 앉았네
연못 위를 지나던 실잠자리가
문장을 몇 줄 거드는 사이
의자들도 공중에 떠서 하늘을 읽기 시작했네
금방이라도 하품이 쏟아져 나올 듯
활자들이 떨어지고 있었네
더 이상 쓸 것이 없는 지상을 떠나
붉은머리오목눈이 한 마리 하늘 밖으로 날아가고
노인들은 무료한 시간들을 뜯고 있었네
다시는 돌아오지 않을 나뭇잎들을
하늘로 쏘아 올리는 여름날
버드나무 그늘 아래

제4부

물결 편지

버드나무 냇가에 앉아
물결 하나 접어
그대에게 편지를 쓰네

냇물 속에는
글자처럼 몰려다니는
은빛 송사리 떼

머릿속에는
송사리 떼처럼 몰려다니는
그대 생각

물결 하나 접어
그대에게
짧은 편지를 쓰네

구부러진 사랑

우연히 창문 커튼을 떼다가
아내가 박아놓은 구부러진 못을 보았다
아내의 구부러진 마음을 보았다

고장 난 선풍기도 고치고
액자도 걸고 문짝에 오일도 치고
물 새는 수도꼭지를
멍키스패너로 바짝 조인다

수도꼭지에서 새는 건 혹 아내의 마음이 아닐까

손때 묻은 가구들처럼
아내는 퉁명스럽게 나를 이끌고 다닌다
아내는 너무 바쁘다

너무 세게 문지르지 마세요
쌀눈이 떨어져 나가면 사랑이 식은 거래요
쌀을 씻어 안치는 일에도

아내는 참 의미도 많다

구부러진 몸을 펴는 데
구부러진 마음을 펴는 데
한참이 걸렸다

황소 불알

우두리(牛頭里) 황톳길을 걸었다

하늘엔 꽁지가 아름다운 새가 날고 있었다

서산에 걸린 해의 발자국을 따라

늙은 농부가 황소를 끌고 어디론가 가고 있었다

자신의 전생에 끌려 다니던 사람

자신의 전생에 평생 신세만 지던 사람

단 한 번이라도 마음 편히 제 살길을 가라는 듯

소의 고삐를 놓아주고 있었다

달랑, 딸랑딸랑, 불알 두 쪽이 끌고 가는

낡고 해진 가죽 눈부신 그림자

날아간 새가 흘린 것인지

꽁지가 아름다운 땅거미가 지고 있었다

꽃피는 방

꽃피는 봄은
도주 우려가 있으므로
법정구속을 명한다

땅
땅
땅

봄이 수감되자
감옥 같던 방구석에
생기가 돈다

화관을 쓴
죄수 한 명이
환하게 웃고 있다

겨울비

아는 길도
아는 사람도 놓치고
되돌아가는 길
겨울비 내린다

정신 차리라고,
정신 차리라고,

온몸을 찔러오는
날카로운
물의 바늘들

한 땀 한 땀
꿰어오는
이 차가운 박음질

푸드득, 화석이 날아간다

거실 벽에 둥지를 튼
이십 년 된 뻐꾸기시계
시간이 안 맞다
울음이 안 맞다

뱃속이 텅— 비어
머릿속이 텅텅— 비어
오히려 몸과 마음이 무거워진 뻐꾸기시계
날개가 굳어 더 이상 날지 못한다

오래된 사랑을, 슬픔을 끌고 가느라
만신창이가 된 뻐꾸기 한 마리가
지금, 내 앞에 있다

전지를 갈아 끼운다
화석이 된 새의 날개에 생명을 불어넣는다

몸속 꼭지바늘을 돌려

내 시간을 맞춘다
내 울음을 맞춘다

만행(萬行)

늦가을 갈참나무 숲이 소란하다
도무지 야단법석이다
도토리 동자승들이 정신없이 뛰놀고 있다
까까머리 동자승들이 세상 속으로 소풍을 오셨나?
시끌벅적한 소리가 온 산을 까뒤집고 있다
그 소리에 즐거워진 귀를 연다
한 쪽 귀만 세우면 박수 소리였다가
두 쪽 귀를 열면 풍경 소리였다가
거참, 물방울 소리였다가
저 숲속이 정토라 여겨 쫑긋 마음에 귀를 열면
금세 목탁 소리가 난다
목탁 소리에서 깊은 향기가 난다

고개 숙인 남자

천년을 살고도 열매를 맺는
용문사 은행나무 그늘 아래서
손을 씻는다

은행나무 밑에서
나는 살아있는 것인가?
지퍼를 내리고
확인을 한다

죽어있다
땀이 차 있다
똥 구린내가 난다

손발이 지은 죗값을
고개 숙여
대신 받고 있는가

붉은 방

붉은 벽 속에 들어앉은 피아노가
낮은음자리 악보를 긁으며
푸석푸석한 음표들을 쏟아내고 있다

붉은 피아노 소리가 내려앉는 방
나는 붉게 물들어간다

저 음표들은 언젠가 내 귓속을 맴돌던
바하의 낮은 음성처럼
붉은 벽을 타고 흘러내린다

나는 몸을 열어 음표들을 받아들인다
푸석푸석한 낮은음자리의 피아노가
나를 두드린다 붉은 방 속에서
나는 한없이 낮아진다

바닥이 꺼질 때까지, 고개를 숙이고
피아노가 치는 붉은 추억에 잠기고 있다

붉은 벽 속 바하의 집
슬픔보다 끔찍한 생이 푸드득 날아가고 있다

붉은 피아노 건반 위로
붉은 피아노 줄을 달고서

우암탄시암(尤庵嘆時岩)*

보길도 동쪽 해안 절벽
우암(尤庵) 선생이
노년의 우국충정을
글로 새겨 넣은 바위가 있다

회한이 깊으면
붓으로 바위도 뚫는다

절벽 위에 서면
누구나 한번은 뒤돌아본다,
그런 자는
반드시 살아 돌아간다

---

*보길도 동쪽 해안에 있는 절벽 바위, 글쓴바위라고도 함. 조선 중기의 대학자이며 정치가였던 우암 송시열 선생이 말년의 신세를 한탄하는 시를 음각으로 새겨놓았다.

따뜻한 무덤

아스팔트 도로 한가운데
붉은 내장이 다 드러나 있는
족제비 한 마리

등에 업은 차바퀴 자국이
끝없는 나락으로
인도하고 있다

달궈진 온돌 아스팔트 바닥에
제 보드라운 털로
잔디를 입혔다

길을 놓치지 않으려고
족제비는 발톱으로
바닥을 움켜쥐고 있다

바둑시대

1.
나는 지금 135번 방에 대기 중입니다
방명은 〈바둑시대〉, 아이디는 〈무당거미〉
방금 전 아이디 〈외팔이무사〉와의 숨 막히는 접전 끝에
세 집 반 승을 거두고 남은 외팔마저 뜯어 먹었습니다
그는 이제 〈팔없는무사〉로 전락할 겁니다
135번 방에 피비린내가 진동을 합니다
어제는 아이디 〈햇살을파는소녀〉와의 대국에서
흑번으로 불계패를 한 후 햇살 한 다발을 샀습니다
마흔여섯 살 먹은 소녀였지요
그녀의 행마는 탄력이 넘쳤습니다
갈기를 휘날리며 질주하는 백마의 말발굽에
나는 무참히 짓밟히고 말았지요
반상 위의 백돌들이 해골바가지로 보였습니다

2.
이크, 분양사무실에 손님이 오셨군요
제법 수가 강해 보이는 신혼부부 한 쌍입니다

이번 대국은 초반 포석에서 승부가 갈릴 것 같군요
첫 수를 착수하기 전에 나는 여러 가지 행마를 구상해 봅니다
일단 적정 가격에서 시작, 몇 차례의 응수타진을 거쳐
한 번쯤 서로 치열한 공방을 주고받겠지요
이때부터 나의 장점인 끝내기가 힘을 발휘할 겁니다
김치냉장고를 비롯한 판촉물 증정과 이사 비용 전액보조,
다양한 대출서비스에 즉시 입주까지……
작은 미끼로 현혹해서 대마를 포획할 계획입니다
여차하면 패라도 써야겠지요
자, 한판 시작해볼까요?

3.
바둑판은 천동설이 지배하는 세상이죠
하얀 혹성과 검은 혹성이 서로 알력을 겨루다
절벽 아래로 떨어져 죽어 나가기도 합니다
명멸하는 혹성들, 고뇌하는 해골들
바둑판 위에 오래 살아남으려면

과욕은 절대 금물입니다
자칫 소탐대실의 우를 범할 수 있으니까요
내줄 건 내주고 챙길 건 챙기는
뭐, 사람 사는 세상과 거의 비슷합니다
신세계를 건설하고 싶으시다고요?
그럼 약간의 용기가 더 필요하겠지요
자, 힘내세요, 초읽기 조심하시구요

반성

여기까지 오는 동안
너무 많은 죄를 지었다

어미를 어미로 돌보지 못한 죄, 자식을 자식으로 돌보지 못한 죄, 돈을 돈으로 돌보지 못한 죄, 말씀을 말씀으로 듣지 못한 죄, 개를 개로 부른 죄, 소를 소로 부른 죄, 미친년을 미친년이라 부른 죄, 똥을 똥이라 부른 죄, 사람을 사람으로 믿지 못한 죄, 개미를 밟아 죽인 죄, 꽃을 밟아 죽인 죄, 별을 밟아 죽인 죄, 내 그림자를 밟아 죽인 죄,

이 모든 게 똑바로 보지 못한 내 죄이니
두 눈깔을 파서
개안사(開眼寺) 흐르는 물에 씻는다

호랑이처럼

발톱을 간다
숨죽인 발톱, 갈라진 발톱, 난폭한 발톱
그리고 욕망의 발톱
새끼발톱은 문드러져 겨우 형체만 남았다

으슥한 밤이 되면
굶주린 호랑이처럼 발톱을 세우고
아무나 잡아먹고 싶어진다

함부로 살기를 드러내면 안 된다고,
어머니는
어릴 적 내 야생의 발톱에
매니큐어를 발라주셨지만

내 속에 살고 있는 짐승 한 마리
사슬에 묶인 짐승 한 마리
사나운 짐승 한 마리

그렇게 참고 살아서
도대체 남은 게 뭐가 있느냐고,

닳고 닳은 이빨로
손톱깎이를 꽉— 물어뜯는다

삼월

조용한 간이역에
개나리꽃이 무더기로 피었다

기차보다 은밀한 창을 달고
기차보다 먼저 기적을 울리고
기차보다 먼저 흔들리고
기차보다 먼저 괴로워하고
기차보다 공격적인
기차보다 다분히 혁명적인

개나리꽃들이
간이역 철길 위에
급진적으로 피어 있다

개나리꽃들이
연좌농성 중인 봄날
급진적인 삼월!

해설

작고 연약한 것들을 위하여

고봉준 문학평론가

시집을 펼치면 나비 한 마리가 수면에 비친 자신의 몸을 가만히 응시하고 있는 풍경이 등장한다. 이 장면은 두 가지 의미에서 흥미롭다. 먼저 화자는 나비가 움직이지 않는 이유가 물에 비친 제 몸을 들여다보느라, 물 위에 "거꾸로 박힌 자신에게/놀라"서라는 사실을 어떻게 알았을까? 그것은 이 장면을 응시하고 있는 또 하나의 시선, 우리가 흔히 시인 또는 화자의 시선이라고 말하는 메타 시선이 존재하기 때문에 가능하다. 흔히 '서정적 동일시'라고 말하는 이런 장면은 종종 관계의 윤리에 비추어 동일시라고 비판되기도 한다. 이 작품의 마지막 진술 "나비는 지금 꽃을 잊고 있다" 역시 동일한 방식의 동일시에 근거하고 있으니 주체—대상의 관계에 초점을 맞추고 읽으면 그럴 수도 있겠다. 하지만 이 시에서 중요한 것은 대상을 동일시하는 화자의 감정의 경로, 즉 주체—대상 관계가 아니라 "이 순간은/모든 것이 멈춰 있다"라고 표현되는 서정적 순간, 즉 정지(停止)의 발견이다.

꼬리명주나비 한 마리
물 위에 비친
제 몸을 들여다보고 있다

더듬이와 더듬이를 맞대고
꽁지와 꽁지를 맞대고
날개와 날개를 맞대고

자신을 지탱하는
거꾸로 박힌 자신에게
놀라고 있다

이 순간은
모든 것이 멈춰 있다

나비는 지금 꽃을 잊고 있다

—「물에 비친 나비」 전문

정지, 즉 멈춘다는 것은 에너지를 집중한다는 것이고, 또한 몰입한다는 것이다. 그렇다면 '나비'는 무엇에 '몰입'하고 있을까? 시인에 따르면 그것은 "물 위에 비친/제 몸"이고, 달리 표현하면 "자신을 지탱하는/거꾸로 박힌 자신"이다. 몰입(沒入)이란 무엇인가? 우리가 흔히 말하듯이 그것은 시간 가는 줄 모르고 무언가에 빠져드는 경험이다. 몰입할 때 인간의 시간의식은 왜곡되어 긴 시간도 지루하지 않고 짧게 느껴지는가 하면, 이와 더불어 자아의식 또한 희미해진다. 시인은 이러한 시간경험의 왜곡을 "이 순간은/모든 것이 멈춰 있다"라고, 희미해진 자아의식을 "나비는 지금 꽃을 잊고 있다"라고 표현하고 있다. 알다시피 나비에게 '꽃'은 생존과 번식에 필수적인 생활세계의 일부이고, 무엇보다도 본능에 해당하는 대상이다. 나비가 그런 '꽃'을 망각한 채 오직 물 위에 비친 자신을 들여다보고 있다는 것은 비(非)실존적 세계를 괄호 치는 선별적 배제를 실행한다는 의미이니, 이러한 시적 몰입은 사실 어떤 대상에 사로잡히는 것, 즉 매혹된다는 것과 같은 의미이다. 차이가 있다면 '몰입'이 주체의 의지에 의한 것처럼 느껴지는 반면, '매혹'은 '매혹되다(be fascinated by)'라는 표현처럼 주체가 '자의식'을 잃어버림으로써 가능하다는 점에서 주체의 의지로 환원되지 않는다는 것이다.

이처럼 시에서 '몰입'의 본질은 어떤 대상 또는 세계에 매혹된다는 의미이고, 매혹된 존재에게 세계는 그 이전과 전혀 다르게 경험되기 마련이다. 시적 발화란 결국 이 몰입/매혹된 순간에 대한 기록이라는 점에서 의식과 감각이 특정한 대상 앞에서 멈추는 '정지'의 경험이라고 말할 수 있을 것이다. 더 본질적으로 그것은 우리의 의식과 감각을 바깥을 향해 열어젖히는 개방의 경험과 무관하지 않다. 여기에서 꼬리명주나비가 등장하는 장면의 두 번째 의미가 드러난다. 물에 비친 자신의 모습에 몰입하느라 "꽃"조차 잊어버린 나비의 모습은 물에 비친 자신의 아름다운 모습을 사랑하게 되어 샘만 들여다보다가 죽고 만 나르키소스(Narkissos)를 연상시킨다. 자기애(自己愛)의 기원이라고 말할 수 있는 미소년 나르키소스의 일화는 '몰입'이 외부 세계, 그러니까 타자적 세계에 대해 눈 감는 맹목이라는 의미에서 나르시시즘으로 이해된다. '나르키소스'라는 낱말이 잠(sleep) 또는 무감각(numbness)을 의미하는 나르케(narke)에서 유래했다는 사실이 이를 증명한다. 이 주장에 따르면 자기애—몰입은 눈을 감는 수면(睡眠) 상태나 타자적 대상에 대해 무감각한 상태와 다르지 않다. 하지만 수면에 비친 모상(模相)을 응시하는 나비의 '몰입' 장면이 말해주듯이 모든 매혹은, 그것이 나르시즘적일 때조차 타자에 의식과 시선을 빼앗기는 경험일 수밖에 없다. 그리고 이러한 사실은 (서정)시가 이미—항상 절반은 자기애—주체적인 성격을 띠며, 또 다른 절반은 타자에 의식과 시선을 빼앗기는 반(反)주체적 성격을 지니고 있다는 의미이기도 하다. 결국 시는 이 두 가지 성질, 또는 방향의 길항이라는 난해한 지점, 사이(in-between)에서 발화되는 목소리이다. 이 '사이'가 서정시를 둘 가운데 하나로 환원하려는 시도들을 중지시킨다.

내 귓속에는 막다른 골목이 있고,
사람 사는 세상에서 밀려난 작은 소리들이
따각따각 걸어 들어와
어둡고 찬 바닥에 몸을 누이는 슬픈 골목이 있고,

얼어터진 배추를 녹이기 위해
제 한 몸 기꺼이 태우는
새벽 농수산물시장의 장작불 소리가 있고,
리어카 바퀴를 붙들고 늘어지는
첫눈의 신음 소리가 있고,
좌판대 널빤지 위에서
푸른 수의를 껴입은 고등어가 토해놓은
비릿한 파도 소리가 있고,
갈라진 손가락 끝에
잔멸치 떼를 키우는 어머니의
짜디짠 한숨 소리가 있고,

내 귓속 막다른 골목에는

소리들을 보호해주는 작고 아름다운
달팽이집이 있고,
아주 가끔
따뜻한 기도 소리가 들어와 묵기도 하는
작지만 큰 세상이 있고,

—「달팽이집이 있는 골목」 전문

유비(analogy)에 근거한 상응의 비전이 이 시를 관통하고 있다. "내 귓속에는 막다른 골목이 있고"라는 진술은 '귀'라는 신체적 기관과 '골목'이라는 외부 세계 사이에 유비적 관계를 설정함으로써 이질적인 세계 사이에 관계, 즉 연속성을 부여한다. 시인은 유비를 매개로 자신의 신체에 실존의 지리학을 새김으로써 서정적 구심력을 확인시킨다. "작지만 큰 세상"이라는 표현처럼 이 시에서 상응의 비전은 시인을 둘러싸고 있는 세계를 '귓속=달팽이관' 속으로 불러들이는 구심력으로 기능한다. 이러한 유비적 호명에 따라 시인의 몸속에는 '막다른 골목', "사람 사는 세상에서 밀려난 작은 소리들", "어둡고 찬 바닥에 몸을 누이는 슬픈 골목" 등이 자리하게 된다. 외부세계에 속한 장면들을 불러들이는 이러한 상응은 차별성, 즉 차이를 전제한다. 차별성이 전제되지 않으면 유비적 상응에의 의지 또한 의미를 잃어버린다. 때문에 "내 귓속에는 막다른 골목이 있고"라는 진술은 이중적으로 이해되어야 한다. 그것은 한편으로 '귓속'과 '골목'이라는 이질적인 세계 사이에 일정한 관계를 설정하려는 질서/종합에의 의지를 드러내고, 다른 한편으로는 '귓속'과 '골목'이 시적 진술 이전에 동일한 세계에 속하는 것이 아니라는 차별성을 드러낸다.

이러한 서정적 구심력은 자신에게 매혹되는 나르키소스의 자기애와 다르다. 시를 끝까지 읽으면 확인할 수 있듯이, 이 시에서 화자는 자신의 신체를 타자적 존재('작은 소리들')의 결합체로 간주한다. 화자는 자신의 '신체=귓속'에 외부세계의 소리들이 자리 잡는 과정을 "사람 사는 세상에서 밀려난 작은 소리들이/따각따각 걸어 들어와/어둡고 찬 바닥에 몸을 누이는" 행위로 묘사하고 있다. '소리'는 '귀를 기울이다(listening for)'나 '듣다(listening to)'처럼 흔히 그것을 수용하는 주체의 의지와 능력이라는 관점에서 이해되어왔다. 하지만 이 시에서 '작은 소리들'은 자신들의 주체적인 행위를 통해 시인의 '신체=귓속'으로 걸어 들어온다. 이러한 소리의 능동성만큼 중요한 것이 '소리들'의 존재론, 즉 그것들이 "사람 사는 세상에서 밀려난 작은 소리들"이라는 사실이다. '작은 소리들'은 '낮은 소리들'이 아니다. 여기에서 '작음'은 소리의 높낮이를 의미하는 음향적 판단이 아니라 그것들이 주변적인 존재에게 발생한다는 존재론적인 사실을 지시한다. 언 배추를 녹이기 위해 제 몸을 태우는 "새벽 농수산물시장의 장작불 소리", 리어카 바퀴에 짓눌리는 "첫눈의 신음 소리", 좌판 위에 진열된 “고등어가 토해놓은/비릿한 파도 소리”, 손가락 끝이 갈라질 정도로 고된 삶을 살아온 “어머니의/짜디짠 한숨 소리” 등은 모두 가장자리의 존재론이라는 점에서 ‘작은 소리’의 변형이라고 말할 수 있다. 3연에서 화자는 자신의 ‘신체=귓속’을 이러한 ‘존재=소리들’을 “보호해주는 작고 아름다운/달팽이집”이라고 소개하는데, 이 대목이야말로 시인의 문학적 지향과 가치, 시적 방향성을 단적으로 보여주는 것이라고 이해할 수 있다. 시인에게 ‘시’는 크고, 화려하고, 중심에 위치한 존재가 아니라 작고 위태로운 존재들이 소리가 깃들일 수 있는 ‘장소’ 같은 것이다.

구월성당 담벼락 밑에 핀 고깔제비꽃
고해성사라도 하는 것인지
꽃핀 분위기가 사뭇 엄숙하다
부끄러운 죄를 고백하기 딱 좋은 봄날
외줄 꽃대 끝에 매달린
고깔 깊게 눌러쓴 제비꽃을 보았다
저 혼자 꽃을 피우는 일도 죄악이라고,
끝내 땅바닥을 향해 참회를 피운 고깔제비꽃
홍자색 저 꽃잎 한 겹을 들추면
눈시울이 붉게 물든
쓸쓸한 고백들이 쏟아져 나올 것 같다

갑자기 내 안의 맥박이 출렁인다
누굴 위해, 무릎 꿇고, 고개를 숙여본 적이
있던가, 나는 후끈 달아오른다
작은 틈새를 뚫고 부신 눈물방울을 단 고깔제비꽃
담벼락 너머 세상 속으로
아픈 꽃대를 들이대고 있다
꽃대를 보는 눈시울이 자꾸 붉어진다

—「고백」 전문

「물에 비친 나비」가 '정지'를 통해 서정적 몰입의 의미를 드러낸다면, 「고백」은 '고백'이라는 시적 장치가 언제, 어떻게 작동하는가를 '촉발'을 통해 실증한다. 시인은 성당 담벼락 아래에서 우연히 "고깔 깊게 눌러쓴 제비꽃"을 목격한다. '성당'이라는 장소 때문일까? 그는 고깔을 깊게 눌러쓰고 바닥을 향하고 있는 꽃의 형상에서 그것이 '죄악'에 대한 '참회'의 몸짓이라는 느낌을 받는다. "홍자색 저 꽃잎 한 겹을 들추면/눈시울이 붉게 물든/쓸쓸한 고백들"이 쏟아져 나올 것 같다는 진술이 그것이다. 그렇지만 정작 중요한 것은 그다음, 그러니까 발견 이후이다. 고영의 시에서 사물—대상에 대한 발견은 대개 사물 자체에 대한 형상화로 흘러가지 않고 '나'를 촉발하는 방식으로 기능한다. 아날로지적 비전이라는 서정시 특유의 원리가 이것을 가능하게 만든다. 알다시피 이 세계, 아니 우주에는 자연법칙이라는 거대한 관계망이 작동하고 있다. 하지만 그것은 자연 '법칙'이기에 우리가 그것을 인식/이해하느냐는 문제와 상관없이 이미—항상 객관적으로 작동한다.

서정시의 아날로지는 이와 다르다. 그것은 자연법칙의 층위에서는 관계가 없는 것들 사이에, 그러니까 개별적인 것들이 각각의 차이 안에서 독자적으로 존재하는 상태에서 유사점의 조합을 통해 새로운 질서, 자연법칙이 아닌 '비전'으로서의 질서를 도출하려는 인간적인 몸짓이다. 물론 시에서 이러한 질서는 만들어지기보다는 발견된다고, 정확하게 말하면 시인이 노력해서 얻는 경우보다 불현듯 떠올라 도래하는 사건으로 경험되는 경우가 일반적이다. 그것은 "갑자기 내 안의 맥박이 출렁인다"라는 진술처럼 예상하지 못한 순간에 다가와 시인의 내면을 뒤흔들어 놓는다. 이러한 장면은 서정시적 고백이 외부 세계와 단절된 원환적인 내면에서 흘러나오는 목소리가 아님을 분명하게 보여준다. 그것은 '나' 의 바깥에 존재하는, 그리하여 때로는 '나'라는 세계의 질서를 뒤흔들기도 하는 낯선 존재들과의 접촉에서 기원하는 마주침의 산물이고, 그 마주침의 순간에 자신을 개방하는 발견 또는 충격의 과정에서 비롯된 세계와 사물에 대해 새로운 경험을 언어화하는 행위이다. 서정시의 고백은 '내면' 없이 외부 세계만으로 시작되지 않지만, 마찬가지로 외부 세계 없는 '내면'만으로 가능한 것도 아니다.

나 어릴 적엔 콩나물밥이 좋았다
노란 양푼에 퍼주는 후박함이 일단 좋았다
양념간장에 비벼먹고 물을 마시면
뱃속에선 콩나물시루처럼 물 떨어지는 소리가 났다
그 소리는 흥겨운 박새 울음 같아서
종일 들판을 헤집고 다녀도 잡을 수가 없었다
나는 그냥 뱃속에 박새를 키우기로 했다
그리고 아이답게 금세 잊어먹었다

콩나물밥을 먹지 않아도 될 만큼만
어른이 된 어느 날이었다
술 깬 새벽에 목이 타 냉수를 들이켰는데
뱃속에서 죽은 아버지 가래 끓는 소리가 났다
그 소리는 슬픈 박새 울음 같아서
뱃속에 나보다 빨리 늙는 새가 살고 있다는 걸 알았다
나는 그냥 뱃속에 박새를 묻어두기로 했다
그리고 어른답게 슬픔을 참기로 했다

—「박새」 전문

서정적 세계의 시간법칙은 '시계'의 물리적 운동에 지배되는 지금—이곳의 그것과 다르다. 인간의 실존적 시간 경험은 결코 합리적·규칙적이지 않으며, 서정적 순간으로서의 '정지'가 그렇듯이 특정한 경험의 순간 근처에서 눈에 띄게 느려지는 경우가 많다. 시간이 느리게 흘러간다는 것은 그 순간을 실존적으로 경험하고 있다는 증거이다. 시계—장치가 가리키는 현실의 시간은 쉼 없이 흘러가는 반면, 경험의 강도(强度)를 기준으로 삼는 실존의 시계는 특정한 순간에 머물러 있거나 이미—항상 그곳으로 되돌아가려는 속성을 지닌다. 그리하여 현실의 시간법칙과 달리 서정적 세계에서는 과거가 현재로 침범하거나 반대로 현재가 과거를 구원하는 시간의 가역성이 빈번하게 나타난다. 「달」이 대표적인 경우이다. 이 시에서 화자는 하늘에 뜬 '달'을 쳐다보면서 "식은 밥 한 덩이"를 연상하고, 이 연상은 "식은 밥이라도 한 숟가락 퍼먹으면/유년의 주린 배가 불러올까"라는 유년에 대한 기억으로 이어진다. 화자의 신체는 이미 유년기를 벗어나 성인이 되었으나 그의 내면은 여전히 과거의 한 순간에 고착됨으로써 그로 하여금 배고픔의 기억을 간직하고 살아가게 한다. 신체와 정신, 현재와 과거, 유년의 기억과 현재의 현실 사이에 놓인 이 균열의 흔적들이 두 세계 사이에 깊은 불화를 불러일으키는데, 서정적 세계에서는 대개 현재보다 기억의 힘이 더 강력하다. 이러한 시간의 역진화 현상에 착안하여 화자는 현재에 만족감("식은 밥이라고 한 숟가락 퍼먹으면")을 부여하면 과거의 상처("유년의 주린 배가 불러올까")가 치유될 수 있을까 상상해보지만 실상 인간의 내면에 새겨진 이 심리적 상처는 좀처럼 치유되지 않는 법이다.

이러한 실존적 세계의 단절에서 기원하는 결핍감을 가장 분명하게 보여주는 작품이 「박새」이다. 이 시의 전반부는 유년 세계("나 어릴 적")에 대한 회상이고, 후반부는 지금—이곳("어른이 된 어느 날") 생활에 대한 진술이다. 유년의 기억 속에서 화자는 콩나물밥에 양념간장을 끼얹어 비벼먹고 물을 마시는 가난한 생활을 살아야 했지만 결코 심리적인 결핍감을 느끼지 않았으며, 자신의 뱃속에서 들려오는 소리에도 특별한 의미를 부여하지 않을 정도의 만족감을 느꼈다. 물론 인간이 지닌 유년에 대한 기억의 대부분은 과장 또는 왜곡되기 마련이다. 기억의 장면은 그것을 회상하는 시점의 실존적 상태에 따라 크게 달라진다. 결국 시에서 과거에 대한 기억이 증명하는 것은 과거 그 자체가 아니라 그것을 회상하는 화자의 현재 상태이다. 실존의 법칙에 따르면 대개 현재가 불행하다고 생각하는 사람들에게 과거는 아름다운 세계로 기억된다. 시의 후반부를 보자. 성년이 된 화자는 어느 날 새벽 갈증 때문에 냉수를 들이킨다. 그 순간 그는 식도를 타고 위장으로 내려가는 그 물소리에서 "죽은 아버지 가래 끓는 소리"를 듣는다. 「고백」에서 성당 담벼락 밑에 핀 고깔제비꽃 한 송이가 화자의 내면을 뒤흔들었듯이, 「박새」에서는 우연히 듣게

된 뱃속의 물소리가 화자를 "죽은 아버지"의 세계로 데려간다. 그런데 이번에는 '박새'의 울음이 다르게 들린다. 유년 시절 화자는 자신의 몸에서 들리는 소리를 "흥겨운 박새 울음"으로 경험했지만, 지금은 그것은 "슬픈 박새 울음"으로 들린다. 유년과 성인, 과거와 현재, 두 세계의 간극은 '흥겨운'과 '슬픈'이라는 시어가 지시하는 거리만큼이나 아득하다. 문제는 자신의 신체/내면에서 들려오는 이 "슬픈 박새 울음"을 어찌할 수 없다는 데 있다. 이에 대한 화자의 결정은 "어른답게 슬픔을 참기로 했다"이다. 추측건대 시인은 자신의 신체에서 울리는 소리를 듣고 자신이 오래전에 죽은 아버지 정도의 나이에 이르렀다는 것을 깨달았을 것이다. 나이가 든다는 것은 제 몸속에 '슬픈'을 내장하고 살아간다는 것이다.

그 슬픔의 기원을 가늠하기는 어렵지만 "달도 나이가 차면/누군가 몹시 그리워지나 보다"(「달에 젖다」)라고 말할 때의 '그리움'과 무관하지 않고, "봄볕 좋은 날/네 식구가 마당에 멍석을 깔고 앉아/숯불 화덕에 석쇠를 걸쳐놓고 꽃삼겹살"(「봄볕을 굽다」)을 구울 때 경험한 원초적인 행복감("식구들 얼굴에 핀 꽃잎만 따먹어도/나는 배가 불렀습니다")으로부터 추방되어 살아가야 하는 현실적 조건 때문에 증폭되는 것은 분명한 사실이다. 시인은 "상처도 날개가 될 수 있다"(「흠의 힘」)라고 호언하지만 그것은 '시'에 대해서는 사실일지라도 '삶'에 대해서는 쉽게 동의하기 어려운 주장이다. 실제로 고영의 첫

시집에서 긍정적인 세계는 화자가 아이였던 유년, 그리고 '가족'이 등장하는 풍경들이 대부분이다. 하지만 시간이 흘러 그가 성인이 되어감에 따라 그 세계는 빠르게 해체되었고, 그에 대한 반대급부로 시인은 도처에서 '가족'의 흔적을 읽어내려는 태도를 취하고 있다. 벼룩시장에 실려 온 중고가구를 "한 집안의 흥망성쇠와 함께했던 각종 가구들"(「가구의 비밀」)이라고 표현하는 것, 겨울밤 동화책을 매개로 동화적 상상력을 펼치는 장면을 "온 가족이/밤하늘에 붕— 떠 있다"(「이솝우화」)라고 표현하는 장면이 대표적이다. 하지만 현실의 '가족' 풍경은 그것과 전혀 다르다. 벌목공 아버지는 삼나무처럼 쓰러졌고("벌목공 아버지/송진 냄새가 나던 아버지/삼나무처럼 쓰러진 아버지"(「불타는 달」)), 고향 마을의 옛 집터들은 "여기가 집터였던가, 지금은 가족 무덤이 된,"(「물 위의 날들」)처럼 남김없이 수몰되었으며, 무엇보다도 시인은 유년의 세계를 떠나 어른이 되었다. 성장이 가져온 이 근본적인 상처는 한 인간의 내면에 깊은 좌절감을 안겨주지만 결코 발설될 수 없고, 설사 발설한다 할지라도 해결될 수 없는 근본적인 문제이다. 때문에 시인은 "어른답게 슬픔을 참기"로 결심한다.

> 내가 떠나는 순간부터 그 집은
> 옛집이 되었다 그 집에 있던 먹감나무에게
> 나는 옛사람이 되었다

절구통에 고인 빗물이 썩다가 말라갔다
함부로 웃자란 나뭇가지마다
거미들이 닥치는 대로 허공을 먹어치웠다
그 집을 지나던 새들이
먹감나무 그늘을 담장 밖으로 물어 날랐지만
떨어진 풋감에는 부리를 대지 않았다

부스럼딱지처럼 박혀 있는 옹이들,
옹이의 퀭한 눈 속에
먹감나무의 생애가 고여 있었다

언제부턴가
먹감나무는 제 속이
새까맣게 타들어가는 걸 알았다

한여름 불볕에 데인 화상이라 여겼으나
가을이 오고 속병이 깊어지면서
그것이
오랜 적막이 남긴 상처라는 걸 알았다

—「먹감나무 옛집」 전문

고영의 시는 상실한 자의 목소리, 떠나온 자의 노래이다.

인간 실존의 차원에서 이 상실과 분리는 대개 '시간'의 문제로 사유되지만, 근대 이후의 세계에서 그것은 '공간'의 변화와 동시에 진행된다. 「박새」가 '소리'를 매개로 상실과 분리의 '시간'을 증언한다면, 「먹감나무 옛집」은 '공간'을 통해 그것을 형상화하고 있다. 이 시에서 화자는 '떠난 자'이다. 이 공간적 분리로 인해 화자에게 '그 집'은 '옛집'이 되고, '먹감나무'에게 화자는 '옛사람'이 된다. 여기에서 '옛'은 분리를 의미하는 관형사이고, '먹감나무'는 화자가 떠나온 세계/공간의 제유(提喩)이다. 실존적 세계와의 분리가 그곳을 떠나온 존재, 즉 인간에게만 상처를 남기는 것은 아니다. 그곳에 뿌리내리고 살던 사람들이 떠나면 '집' 또한 폐허로 바뀐다. '먹감나무' 역시 이러한 쇠락의 운명에서 자유롭지 않다. 화자가 떠난 옛집에서는 절구통에 고인 빗물이 썩고, 웃자란 나뭇가지에는 거미들이 집을 짓고, 집과 먹감나무를 터전 삼아 살던 새들은 더 이상 '풋감'을 먹지 않는다. 이것으로써 하나의 세계가 종결되고, 그 이후에 남는 것은 '침묵'뿐이다. 한 가족의 이사를 목격하면서 "비워진 생(生)은 말이 없다"(「비워진다는 것」)라고 진술하는 장면, 벼룩시장에 실려 나온 가구를 보고 "구청 앞 광장에 벼룩시장이 섰다/트럭에 실려 온 중고가구들이 침묵을 부리고 있다"(「가구의 비밀」)이라고 표현하는 것에서 확인되듯이 고영에게 시는 이 '침묵'의 전언을 독해하는 일처럼 느껴진다. 그리고 이 '침묵'은 "수도꼭지에서 새는 건

혹 아내의 마음이 아닐까"(「구부러진 사랑」), "연못 위에/붉은 머리오목눈이 한 마리/긴 편지를 써놓고 날아가고 있었네"(「버드나무 그늘 아래」), "끝도 없이 펼쳐진/푸른 문장을 읽고 있었네"(「청포도 과수원」)처럼 '마음', '활자', '문장' 등으로 변주되기도 한다.

그런데 상실과 분리가 가져오는 실존적 상처가 인용시의 1~2연에 형상화된 외부적인 변화로 환원되지 않는다. 실존적인 층위에서 삶에 대한 긍정이 부(富)의 문제로 설명되지 않듯이 삶에 대한 부정 역시 물질적인 요소로 간단하게 환원되지 않는다. 실존의 차원에서 모든 상처는 결국 내상(內傷)일 수밖에 없다. 하지만 그 내상(內傷) 역시 일정한 현상적 요소를 지닐 수밖에 없는 것이 이치이니, 시인은 먹감나무 곳곳에 박혀 있는 '옹이들'에서 나무의 한 생애를 본다. 부스럼 딱지처럼 박혀 있는 옹이들, 마치 "제 속이/새까맣게 타들어가는 걸" 보여주려는 것처럼 까만 색깔을 유지하고 있는 옹이들에서 시인은 '화상', 즉 상처를 발견한다. 이 시에서 흥미로운 점은 이 발견이 화자, 즉 인간의 시선이 아니라 '먹감나무'의 목소리로 발화된다는 사실이다. 이 시에서 1~3연은 시인의 목소리, 4~5연은 나무의 목소리로 발화되는데, 그것은 분리를 의미하는 '옛'이 인간과 자연, 시인과 나무 모두에게 상호적인 사건이라는 생각과 무관하지 않다.

산복도로에 한 척의 방이 정박해 있다
저 방에 올라타기 위해선 먼저 계단을 올라야 한다
백마흔여섯 계단 위에 떠 있는 섬 같은 방
바람이 불 때마다 티브이 안테나처럼 흔들렸다가
세상이 잠잠해지면 방금 무슨 일이 있었냐는 듯
능청스럽게 딴청을 피우는 그녀의 방은
1m 높이의 파도에도 갑판이 부서질 만큼 작고 연약한 쪽배다
저 쪽배엔 오래된 코끼리표 전기밥통이 있고
성냥개비로 건조한 모형함선이 있고
좋은 추억만 방영하는 14인치 텔레비전이 있다
갑판장 김 씨를 집어삼킨 것은 20m의 파고라고 했던가,
사모아제도에 배가 침몰하는 순간 그는 어쩌면
산복도로에 뜬 저 쪽배의 항해를 걱정했을지 모른다
가랑잎 같은 아이를 가랑가랑 쪽배에 싣고
신출내기 선장이 된 그녀,
멀미보다 견디기 힘든 건 그리움이었다
그리움이 쌓일수록 계단 숫자도 늘어
어느덧 산꼭대기까지 밀려온 쪽배 한 척
그녀에게선 사모아제도의 깊은 바다 냄새가 난다
높은 곳으로 올라야 아빠별을 볼 수 있다고
밤마다 전갈자리별에 닻을 내리는 쪽배의 지붕으로

백년 만에 유성비가 쏟아져 내린다

—「산복도로에 쪽배가 떴다」 전문

"세상에서 밀려난 작은 소리들"을 보호해주는 작고 아름다운 집(「달팽이집이 있는 골목」), 자신의 몸이 썩어가는 줄도 모르고 강은 물론 "햇볕, 바람,/날개 접은 잠자리" 등을 앉히고 있는, 게다가 썩어가는 다리 사이에는 알을 낳는 물고기들마저 품고 있는 버려진 가죽소파(「강물에 앉힌 소파」) 등처럼 고영 시의 한 축은 작고 연약한 것들, 그리하여 인간 세상의 중심에서 밀려난 것들에게 목소리를 빌려주고 그것들을 보듬으려는 태도를 취하고 있다. 이 경우 서정시는 단순한 자기고백이 아니라 타자적 존재를 향해 손을 내미는 '교감'의 일종이라고 말할 수 있다. 인용시가 대표적이다. 시인은 산복도로 위에 위태롭게 놓여 있는 그녀의 방을 가리켜 "한 척의 방"이라고 표현한다. 왜 '집'이 아니고 '방'일까? 추측건대 그것은 "1m 높이의 파도에도 갑판이 부서질 만큼 작고 연약한 쪽배"라는 진술에서 드러나듯이 '그곳=방'이 작고 연약한 대상으로 여겨졌기 때문일 것이다. 그녀의 '방'은 높은 곳에 위치해 있다. 고가(高價)의 고층아파트여서가 아니라 지상에서 제일 높은 곳, 이른바 가난한 동네이기 때문이다. 그곳은 "백마흔여섯 계단 위에 떠 있는 섬" 같아서 바람이 불 때마다 흔들리는 듯하고, "오래된 코끼리표 전기밥통", "성냥개비로 건조한 모형함선", "좋은 추억만 방영하는 14인치 텔레비전" 등이 세간살이의 전부이다. 왜 그녀의 '방'은 그토록 높은 곳에 있는가? 원양어선 갑판장이던 남편의 배가 이국의 바다에서 침몰했기 때문이다. 고층아파트가 일반화되기 이전에는 가난한 사람들의 거처가 가장 높았다. '가난'은 그들을 세상으로부터 점점 멀어지게 만들었으니, 그녀의 '방'이 "백마흔여섯 계단 위"에 위치하고 있다는 것은 그만큼 가난하다는 의미이기도 하다. 하지만 시의 후반부에서 시인은 "백마흔여섯 계단"을 '가난'이 아니라 '그리움'의 기호로 전치한다. 또한 그녀의 남편을 태운 배를 '바다'가 아닌 '별'과의 관계 속에 놓음으로써 이전과는 전혀 다른 분위기를 만들어낸다. 전반부에서는 '높은 곳'이 가난과 소외의 상징적 장소로 이해되었으나 후반부에 이르면 "높은 곳으로 올라야 아빠별을 볼 수 있다"라는 진술처럼 아빠를 그리워하는 아이의 소망이 성취되기에 유리한 장소로 전유되고 있기 때문이다. 상상을 통해 부정적인 현실을 뒤집는 이러한 장면을 통해 우리는 결국 고영 시의 중심이 세계와의 불화를 증폭시키는 방향보다는 상상력과 언어의 힘에 기대어 넘어서는 데 있음을 확인할 수 있다.

문학의전당 시인선 301

산복도로에 쪽배가 떴다

초판 1쇄 발행 2019년 2월 14일
초판 2쇄 발행 2025년 1월 23일
지은이 고영
펴낸이 김석봉
디자인 헤이존
펴낸곳 문학의전당
출판등록 제448-251002012000043호
주소 충북 단양군 적성면 도곡파랑로 178
전화 043-421-1977
전자우편 sbpoem@naver.com

ISBN 979-11-5896-412-2 03810

*이 시집은 2004 문예진흥원 문예진흥기금을 지원받아 제작되었습니다.